GSAT
삼성직무적성검사 모의고사

KB100712

제 5 회				
영 역	수리영역, 추리영역	문 항 수	50문항
시 간	60분	비 고	객관식 5지 선다형

[수험자 유의사항]

1. 시험시작 1시간 전 모니터링 시스템에 접속해야 응시가 가능합니다.
2. 독립된 공간에서 혼자 응시합니다.
3. 필기구 이외의 다른 물품은 정리합니다.
4. 반려견 소리 등 다른 소음을 자제합니다.
5. 시험시간 내에 자리이탈 및 시험 외 행동은 금지합니다.
6. 부정행위가 적발될 경우에는 최대 5년 간 응시가 제한됩니다.

SEOWONGAK
(주)서원각

제 5 회 GSAT 삼성직무적성검사

✏ **수리영역(20문항 / 30분)**

1. 10km를 달리는 시합에서 출발 후 1시간 이내에 결승선을 통과해야 기념품을 받을 수 있다. 출발 후 처음 12분을 시속 8km로 달렸다면, 남은 거리를 적어도 얼마의 평균 속력으로 달려야 기념품을 받을 수 있는가?

① 시속 10.5km ② 시속 11.0km

③ 시속 11.5km ④ 시속 12.0km

⑤ 시속 12.5km

2. 농도 40%인 소금물 200g이 있다. 여기에 농도가 10%인 소금물 xg을 넣고 물을 xg 증발시켰더니 처음 농도의 1.125배가 되었다면 첨가한 소금물 속 소금의 양은?

① 25g ② 20g

③ 15g ④ 10g

⑤ 5g

3. 민수, 영민, 은희는 저녁을 같이 먹었는데 식사를 마친 후 민수가 식사비의 $\frac{3}{5}$을, 영민이가 그 나머지의 $\frac{1}{7}$을, 은희가 그 나머지를 계산하였는데 은희가 3,600원을 냈다면 저녁식사비는 얼마인가?

① 10,000원 ② 10,500원

③ 12,000원 ④ 12,500원

⑤ 13,000원

4. 500원짜리 물건을 지난달에는 20%의 이익이 나도록 가격을 정하여 정가로 총 200개를 판매하였다. 이번 달에는 물건을 300개 판매하였을 때, 지난달에 비해 몇 %를 할인된 가격으로 판매하였는가? 단, 지난달의 총매출과 이번 달의 총매출은 동일하다. (소수점 둘째자리에서 반올림하시오.)

① 33.1% ② 33.2%

③ 33.3% ④ 33.4%

⑤ 33.5%

5. 한 개에 500원하는 사과와 한 개에 900원하는 배를 섞어서 총 8개를 사는데 과일가격이 총 4,200원 이상 6,000원 이하가 되게 하려고 한다. 이때 배는 최대 몇 개까지 구입할 수 있는가?

① 5 ② 6

③ 7 ④ 8

⑤ 9

6. 정육면체의 한 변의 길이가 각각 20%, 50%, 80%씩 짧아진다고 할 때 부피는 몇 % 감소하는가?

① 50 ② 72

③ 80 ④ 92

⑤ 100

7. 어떤 일을 마치는데 다정이는 8시간, 철수는 5시간이 걸린다. 다정이가 1시간, 철수가 2시간을 작업하고 나머지를 다정이와 철수가 함께 작업하여 일을 끝냈다면, 둘이 함께 작업한 시간은? (소수 둘째자리에서 반올림하시오)

① 1.2시간   ② 1.3시간

③ 1.4시간   ④ 1.5시간

⑤ 1.6시간

8. 경수는 경진이보다 나이가 두 살 많고, 경수의 나이의 제곱은 경진이의 나이의 제곱에 세 배를 한 것보다 2가 작다. 이 때 경수의 나이는?

① 5살   ② 6살

③ 7살   ④ 8살

⑤ 9살

9. S그룹은 전일 온라인으로 주문받은 제품의 케이스와 전자제품을 별개로 포장하여 택배로 배송하였다. 제품 케이스 하나의 무게는 1.8kg으로 택배 비용은 총 46,000원이고, 전자 제품은 무게가 개당 2.5kg으로 총 56,000원의 택배 비용이 들었다. 배송처는 서울과 지방에 산재해 있으며, 각 배송처로 전자 제품과 제품 케이스가 각각 하나씩 배송되었다. 이 제품이 배달된 배송처는 모두 몇 곳인가? (단, 각 배송처에는 제품과 제품 케이스가 하나씩 배달되었고 택배 요금은 다음 표와 같다)

구분	2kg 이하	4kg 이하	6kg 이하	8kg 이하
서울	4,000원	5,000원	7,000원	9,000원
지방	5,000원	6,000원	8,000원	11,000원

① 4곳

② 6곳

③ 8곳

④ 10곳

⑤ 12곳

10. 다음은 SNS((Social Network Service) 계정 소유 여부를 나타낸 표이다. 이에 대한 설명으로 옳은 것은?

(단위 : %)

구분		소유함	소유하지 않음	합계
성별	남성	49.1	50.9	100
	여성	71.1	28.9	100
연령별	40~50대	31.3	68.7	100
	20~30대	84.9	15.1	100
	10대	61.7	3.3	100

  ㉠ SNS 계정을 가지고 있는 성별의 수는 여성이 남성보다 많다.
  ㉡ 10대의 SNS 계정 소유 비율은 40~50대 SNS 계정 소유 비율의 2배이다.
  ㉢ 연령이 낮아질수록 SNS 계정을 소유한 비율이 높다.
  ㉣ 조사 대상 중 20~30대 여성의 SNS 계정 소유 비율이 가장 높다.
  ㉤ 40 ~ 50대 경우 다른 연령과 달리 SNS 계정을 소유한 비율이 소유하지 않은 비율보다 낮다.

① ㉠   ② ㉤

③ ㉠㉡   ④ ㉢㉤

⑤ ㉠㉣㉤

11. 다음 표는 소득 분위별 월평균 교육비에 대한 자료이다. 이에 대한 분석으로 옳은 것은?

〈소득 분위별 월평균 교육비〉

(단위 : 원, %)

구분	2016년	2017년	2018년	2019년	2020년
1분위	76,000 (7.8)	79,000 (7.8)	89,000 (8.2)	85,000 (7.9)	86,000 (7.4)
5분위	382,000 (12.9)	404,000 (12.6)	468,000 (14.1)	535,000 (15.8)	643,000 (16.3)

※ 1분위는 소득 하위 20% 계층, 5분위는 소득 상위 20% 계층임.

※ ( )는 각 소득 계층의 월평균 소비 지출액에서 교육비가 차지하는 비중임.

① 2019년 월평균 교육비는 5분위가 1분위의 두 배 수준이다.

② 2016년 대비 2017년 1분위의 월평균 소비 지출액이 증가하였다.

③ 1분위와 5분위의 월평균 교육비 격차는 2019년보다 2018년이 크다.

④ 2016년 대비 2020년 월평균 교육비 증가율은 5분위보다 1분위가 크다.

⑤ 2019년 대비 2020년 1분위의 월평균 소비 지출액 증가율보다 교육비 증가율이 크다.

12. 다음 표는 4개 고등학교의 대학진학 희망자의 학과별 비율(상단)과 그 중 희망한대로 진학한 학생의 비율(하단)을 나타낸 것이다. 이 표를 보고 추론한 내용으로 옳은 것은?

고등학교	국문학과	경제학과	법학과	기타	진학 희망자
A	60% (20%)	10% (10%)	20% (30%)	10% (40%)	700명
B	50% (10%)	20% (30%)	40% (30%)	20% (30%)	500명
C	20% (35%)	50% (40%)	40% (15%)	60% (10%)	300명
D	5% (30%)	25% (25%)	80% (20%)	30% (25%)	400명

㉠ 법학과에 합격한 학생 수는 A고등학교에서는 40명보다 많고, C고등학교에서는 20명보다 적다.

㉡ B와 C고등학교 중 국문학과에 합격한 학생은 C고등학교가 더 적다.

㉢ D고등학교에서 합격자수가 가장 적은 과는 국문학과이며, 가장 많은 과는 법학과다.

① ㉠
② ㉡
③ ㉠㉢
④ ㉡㉢
⑤ ㉠㉡㉢

13. 다음은 A제품을 생산·판매하는 서원실업의 1～3주차 A제품 주문량 및 B부품 구매량에 관한 자료이다. 주어진 조건에 근거하여 매주 토요일 판매완료 후 남게 되는 A제품의 재고량을 주차별로 바르게 나열한 것은?

〈A제품 주문량 및 B부품 구매량〉

(단위 : 개)

구분 ＼ 주	1주차	2주차	3주차
A제품 주문량	0	200	450
B제품 구매량	500	900	1,100

※ 1주차 시작 전 A제품과 B제품의 재고는 없음
※ 한 주의 시작은 월요일임

〈조건〉
• A제품은 매주 월요일부터 금요일까지 생산하고, A제품 1개 생산 시 B부품만 2개가 사용된다.
• B부품은 매주 일요일에 일괄구매하고, 그 다음 주 A제품 생산에 남김없이 모두 사용된다.
• 생산된 A제품은 매주 토요일에 해당 주차 주문량만큼 즉시 판매되고, 남은 A제품은 이후 판매하기 위한 재고로 보유한다.

	1주차	2주차	3주차
①	0	50	0
②	0	50	50
③	50	50	50
④	250	0	0
⑤	250	50	50

14. 다음은 2014년부터 2019년까지 문화예산의 분야별 변화 추세를 나타낸 표이다. 아래 표에 대한 설명으로 옳은 것을 고르시오.

구분	문화재	문화산업	관광	문예진흥	합계
2014년	1,346	160	292	3,050	4,848
2015년	1,620	1,001	789	3,237	6,647
2016년	2,558	1,787	1,057	4,237	9,639
2017년	2,725	1,475	1,912	4,346	10,458
2018년	2,994	1,958	2,189	5,014	12,155
2019년	3,383	1,890	2,474	5,435	13,182

① 이 기간 동안 문화예산 네 가지 분야 중 문화산업이 차지하는 비중은 매년 최저 수준이다.

② 이 기간 동안 예산 증가율이 가장 높았던 분야는 관광이다.

③ 2014년부터 문화예산은 점점 증가하였으나 2019년으로 와서는 감소했다.

④ 문예진흥 예산의 경우 전체 문화예산에서 차지하는 비율은 늘 가장 높았으나 그 증가율은 가장 낮다.

⑤ 2019년 전체 문화예산에서 문화재 예산이 차지한 비율은 2014년에 비해 증가하였다.

15. 다음은 'A'국의 4대 범죄 발생건수 및 검거건수에 대한 자료이다. 이에 대한 설명으로 옳지 않은 것은?

2015 ～ 2019년 4대 범죄 발생건수 및 검거건수

(단위 : 건, 천명)

구분 연도	발생건수	검거건수	총인구	인구 10만 명당 발생건수
2015	15,693	14,492	49,194	31.9
2016	18,258	16,125	49,346	( )
2017	19,498	16,404	49,740	39.2
2018	19,670	16,630	50,051	39.3
2019	22,310	19,774	50,248	44.4

2019년 4대 범죄 유형별 발생건수 및 검거건수

(단위 : 건)

구분 범죄 유형	발생건수	검거건수
강도	5,753	5,481
살인	132	122
절도	14,778	12,525
방화	1,647	1,646
합계	22,310	19,774

① 인구 10만 명당 4대 범죄 발생건수는 매년 증가한다.

② 2016년 이후, 전년대비 4대 범죄 발생건수 증가율이 가장 낮은 연도와 전년대비 4대 범죄 검거건수 증가율이 가장 낮은 연도는 동일하다.

③ 2019년 발생건수 대비 검거건수 비율이 가장 낮은 범죄 유형의 발생건수는 해당 연도 4대 범죄 발생건수의 60% 이상이다.

④ 4대 범죄 발생건수 대비 검거건수 비율은 매년 80% 이상이다.

⑤ 2019년 강도와 살인 발생건수의 합이 4대 범죄 발생건수에서 차지하는 비율은 2019년 강도와 살인 검거건수의 합이 4대 범죄 검거건수에서 차지하는 비율보다 높다.

16. 다음은 온실가스의 유형별 발생량을 나타낸 표이다. 다음 중 자료를 올바르게 해석한 것은?

온실가스 유형	12月	11月	10月	9月	8月
이산화탄소	418.4	417.7	414.2	408.9	407.0
메탄	1,989.0	1,988.0	1981.0	1981.0	1951.0
아산화질소	333.0	333.3	332.7	332.6	333.0
염화불탄소11	224.6	228.2	228.4	228.0	228.1
염화불탄소12	497.9	500.5	499.9	500.0	503.6
염화불탄소113	69.5	69.6	69.7	69.7	70.2
육불화황	9.9	9.9	9.8	9.8	9.8

ㄱ 온실가스의 발생량은 매달 증가하고 있다.
ㄴ 온실가스 발생량이 가장 많은 것은 메탄이다.
ㄷ 이산화탄소의 발생량은 전체의 약 11~12%를 차지한다.
ㄹ 육불화황의 발생량은 거의 변함이 없다.

① ㄱ
② ㄱㄴ
③ ㄴㄷ
④ ㄴㄹ
⑤ ㄴㄷㄹ

[17~18] 다음 자료를 보고 물음에 답하시오.

〈지역별, 소득계층별, 점유형태별 최저주거기준 미달 가구 비율〉

(단위 : %)

구분		최저주거기준 미달	면적 기준 미달	시설 기준 미달	침실 기준 미달
지역	수도권	51.7	66.8	37.9	60.8
	광역시	18.5	15.5	22.9	11.2
	도지역	29.8	17.7	39.2	28.0
	계	100.0	100.0	100.0	100.0
소득 계층	저소득층	65.4	52.0	89.1	33.4
	중소득층	28.2	38.9	9.4	45.6
	고소득층	6.4	9.1	1.5	21.0
	계	100.0	100.0	100.0	100.0
점유 형태	자가	22.8	14.2	27.2	23.3
	전세	12.0	15.3	6.3	12.5
	월세[보증금(O)]	37.5	47.7	21.8	49.7
	월세[보증금(X)]	22.4	19.5	37.3	9.2
	무상	5.3	3.3	7.4	5.3
	계	100.0	100.0	100.0	100.0

17. 다음 중 위의 자료를 올바르게 분석하지 못한 것은?

① 점유 형태가 무상인 경우의 미달 가구 비율은 네 가지 항목 모두에서 가장 낮다.
② 침실 기준 미달 비율은 수도권, 도지역, 광역시 순으로 높다.
③ 지역 중에서는 광역시의 면적 기준 미달 비율이, 소득 계층 중에서는 고소득층의 면적 기준 미달 비율이 가장 낮다.
④ 저소득층은 중소득층보다 침실 기준 미달 비율이 더 낮다.
⑤ 보증금이 있는 월세가 보증금이 없는 월세보다 시설 기준을 제외한 모든 분야에서 미달 비율이 더 높다.

18. 광역시 시설 기준 미달 가구의 비율 대비 수도권 시설 기준 미달 가구의 비율 배수와 저소득층 침실 기준 미달 가구의 비율 대비 중소득층 침실 기준 미달 가구의 비율 배수는 각각 얼마인가? (반올림하여 소수 둘째 자리까지 표시함)

① 1.52배, 1.64배
② 1.58배, 1.59배
③ 1.66배, 1.37배
④ 1.72배, 1.28배
⑤ 1.78배, 1.22배

19. 다음은 다문화 신혼부부의 남녀 출신 국적별 비중을 나타낸 자료이다. 다음 자료를 올바르게 해석한 것을 〈보기〉에서 모두 고른 것은?

(단위 : 명, %)

남편		2019년	2020년
건수		94,962 (100.0)	88,929 (100.0)
한국		72,514 (76.4)	66,815 (75.1)
외국		22,448 (23.6)	22,114 (24.9)
출신 국적 별 구성 비	계	100.0	100.0
	중국	44.2	43.4
	미국	16.9	16.8
	베트남	5.0	6.9
	일본	7.5	6.5
	캐나다	4.8	4.6
	대만	2.3	2.3
	영국	2.1	2.2
	파키스탄	2.2	1.9
	호주	1.8	1.7
	프랑스	1.1	1.3
	뉴질랜드	1.1	1.1
	기타	10.9	11.1

아내		2019년	2020년
건수		94,962 (100.0)	88,929 (100.0)
한국		13,789 (14.5)	13,144 (14.8)
외국		81,173 (85.5)	75,785 (85.2)
출신 국적 별 구성 비	계	100.0	100.0
	중국	39.1	38.4
	베트남	32.3	32.6
	필리핀	8.4	7.8
	일본	3.9	4.0
	캄보디아	3.7	3.4
	미국	2.3	2.6
	태국	1.8	2.3
	우즈벡	1.3	1.4
	대만	1.0	1.2
	몽골	1.0	1.1
	캐나다	0.7	0.8
	기타	4.4	4.6

〈보기〉

㉠ 2020년에는 남녀 모두 다문화 배우자와 결혼하는 사람의 수가 전년보다 감소하였다.

㉡ 다문화 신혼부부 전체의 수는 2020년에 전년대비 약 6.35%의 증감률을 보인다.

㉢ 출신국적의 비중이 2020년에 남녀 모두 증가한 나라는 베트남과 기타 국가이다.

㉣ 다문화 신혼부부 중, 중국인과 미국인 남편, 중국인과 베트남인 아내는 두 시기 모두 50% 이상씩의 비중을 차지한다.

① ㉠㉢㉣
② ㉠㉡㉣
③ ㉠㉡㉢
④ ㉡㉢㉣
⑤ ㉠㉡㉢㉣

20. 다음은 행정구역별 음주운전 교통사고비율을 나타낸 표이다. 2017년에 음주운전 교통사고를 당한 사람이 400명일 때, 전라도에서 교통사고를 당한 사람의 수는?

(단위 : %)

행정구역	2019	2018	2017	2016	2015
서울특별시	20.5	30.3	( )	( )	22.9
경기도	16	15.2	16.6	14.8	15.8
강원도	8	11.9	10.5	16	16.3
충청도	15.4	12	12.8	17.2	15
전라도	22.8	19.6	( )	18	16
경상도	17.3	11	15.1	15.4	14
합계			100		

※ 2017년에 전라도에서 음주운전 교통사고 비율은 서울시의 비율보다 7% 낮다.

① 76명
② 77명
③ 78명
④ 79명
⑤ 80명

[21~23] 다음 짝지어진 단어 사이의 관계가 나머지와 다른 하나를 고르시오.

21.

① 문구 – 연필
② 동물 – 자연
③ 과자 – 음식
④ 동사 – 문법
⑤ 팀장 – 계급

22.

① 견인차 – 끌차
② 골키퍼 – 문지기
③ 공무원 – 정무원
④ 딸기잼 – 딸기단졸임
⑤ 부추 – 정구지

23.

① 일요일 – 월요일 – 화요일
② 입춘 – 우수 – 경칩
③ 하늘 – 수평선 – 바다
④ 아침 – 점심 – 저녁
⑤ Jan. – Feb. – Mar.

[24 ~ 26] 제시된 단어와 같은 관계가 되도록 빈칸에 들어갈 가장 적절한 단어를 고르시오.

24.

탁구 : 공 = 요리 : ( )

① 음식   ② 주걱
③ 요리사   ④ 라켓
⑤ 주방

25.

풍만 : 윤택 = 단절 : ( )

① 불통   ② 연락
③ 계승   ④ 연결
⑤ 소통

26.

악어 : 악어새 = ( ) : 진딧물

① 무당벌레   ② 개미
③ 벌   ④ 반딧불
⑤ 애벌레

[27~29] 다음의 사실이 전부 참일 때 항상 참인 것을 고르시오.

27.

- 벚꽃이 피면 축제가 열린다.
- 차가 막히지 않으면 축제가 열린 것이 아니다.
- 축제가 열리면 소비가 활성화 되고, 지역경제가 살아난다.

① 벚꽃이 피면 차가 막히지 않는다.
② 벚꽃이 피면 지역경제가 살아난다.
③ 벚꽃이 피면 소비가 비활성화 된다.
④ 차가 막히면 지역경제가 살아난다.
⑤ 축제가 열리면 벚꽃이 핀다.

28.

- A그룹은 V그룹보다 인기가 있다.
- S그룹은 V그룹보다 인기가 없다.
- K그룹은 S그룹보다 인기가 없다.

① A그룹은 S그룹보다 인기가 없다.
② V그룹은 K그룹보다 인기가 없다.
③ S그룹은 A그룹보다 인기가 없다.
④ K그룹은 V그룹보다 인기가 있다.
⑤ V그룹은 A그룹보다 인기가 있다.

29.

- 영희는 철수보다 성적이 좋다.
- 형수는 철수보다 성적이 낮다.
- 하진이는 철수보다 성적이 낮고 형수보다는 높다.
- 세이는 성적이 가장 좋다.

① 하진이보다 영희의 성적이 높지 않다.
② 성적이 철수보다 낮고 형수보다 높은 사람은 2명이다.
③ 철수의 성적은 다섯 명 중 4위이다.
④ 세이의 성적이 가장 높으며 형수의 성적이 가장 낮다.
⑤ 다섯 명 중 성적 순위가 중간에 있는 사람은 하진이다.

30. 다음을 근거로 판단할 때, 도형의 모양을 옳게 짝지은 것은?

5명의 학생은 5개 도형 A~E의 모양을 맞히는 게임을 하고 있다. 5개의 도형은 모두 서로 다른 모양을 가지며 각각 삼각형, 사각형, 오각형, 육각형, 원 중 하나의 모양으로 이루어진다. 학생들에게 아주 짧은 시간 동안 5개의 도형을 보여준 후 도형의 모양을 2개씩 진술하게 하였다. 학생들이 진술한 도형의 모양은 다음과 같고, 모두 하나씩만 정확하게 맞혔다.

〈진술〉

甲 : C = 삼각형, D = 사각형
乙 : B = 오각형, E = 사각형
丙 : C = 원,　　D = 오각형
丁 : A = 육각형, E = 사각형
戊 : A = 육각형, B = 삼각형

① A = 육각형, D = 사각형
② B = 오각형, C = 삼각형
③ A = 삼각형, E = 사각형
④ C = 오각형, D = 원
⑤ D = 오각형, E = 육각형

31. 다음 조건을 읽고 옳은 설명을 고르면?

- A는 붉은 구슬 1개, B는 흰 구슬 2개를 가지고 있고, C는 붉은 구슬 2개를 가지고 있다.
- A, B, C는 가위, 바위, 보 게임을 하여 이긴 사람이 진 사람에게 구슬을 하나씩 주기로 한다.
- 무승부일 경우에는 각자 가지고 있는 구슬 하나를 바닥에 버린다.
- 가위, 바위, 보는 같은 사람과 반복하지 않는다.
- C는 A에게 이기고 B와 비겼다.
- 그 다음으로, B는 A에게 졌다.

A : A가 가지고 있는 구슬 중 흰 구슬 1개가 있다.
B : A가 가지고 있는 구슬 중 붉은 구슬 1개가 있다.

① A만 옳다.
② B만 옳다.
③ A와 B 모두 옳다.
④ A와 B 모두 그르다.
⑤ A와 B 모두 옳은지 그른지 알 수 없다.

[32~34] 주어진 결론을 반드시 참으로 하는 전제를 고르시오.

32.

A, B, C가 달리기 시합을 하였다.
전제1 : A는 C보다 빨리 들어왔다.
전제2 : _____
결론 : B가 가장 빨리 들어왔다.

① B는 C보다 빨리 들어왔다.
② A는 B보다 빨리 들어왔다.
③ C가 가장 늦게 들어왔다.
④ A는 C보다 빨리 들어오지 못했다.
⑤ A는 B보다 빨리 들어오지 못했다.

33.

전제1 : 미진이는 노란색 옷을 입은 다음날은 파란색 옷을 입는다.

전제2 : 미진이는 파란색 옷을 입은 다음날은 빨간색 옷을 입는다.

전제3 : _____

결과 : 미진이는 내일 빨간색 옷을 입을 것이다.

① 미진이는 오늘 노란색 옷을 입었다.

② 미진이는 오늘 빨간색 옷을 입었다.

③ 미진이는 어제 노란색 옷을 입었다.

④ 미진이는 어제 파란색 옷을 입었다.

⑤ 미진이는 어제 빨간색 옷을 입었다.

34.

전제1 : 매일 열심히 공부를 하는 사람은 박사이다.

전제2 : 박사는 천재이다.

전제3 : _____

결론 : 갑순이는 박사가 아니다.

① 갑순이는 매일 열심히 공부를 하지 않는다.

② 갑순이는 매일 열심히 공부를 한다.

③ 갑순이는 가끔 열심히 공부를 하지 않는다.

④ 갑순이는 천재이다.

⑤ 갑순이는 천재가 아니다.

35. 다음 글을 근거로 판단할 때, 참을 말하고 있는 사람은?

음악동아리 5명의 학생 각각은 미술동아리 학생들과 30회씩 가위바위보 게임을 했다. 각 게임에서 이길 경우 5점, 비길 경우 1점, 질 경우 −1점을 받는다. 게임이 모두 끝나자 A동아리 5명의 학생들은 자신이 얻은 합산 점수를 다음과 같이 말했다.

甲 : 내 점수는 148점이야.

乙 : 내 점수는 145점이야.

丙 : 내 점수는 143점이야.

丁 : 내 점수는 140점이야.

戊 : 내 점수는 139점이야.

① 甲

② 乙

③ 丙

④ 丁

⑤ 戊

36. 다음을 근거로 판단할 때, 36개의 로봇 중 가장 빠른 로봇 1, 2위를 선발하기 위해 필요한 최소 경기 수는?

- 전국 로봇달리기 대회에 36개의 로봇이 참가한다.
- 경주 레인은 총 6개이고, 경기당 각 레인에 하나의 로봇만 배정할 수 있으나, 한 경기에 모든 레인을 사용할 필요는 없다.
- 배정된 레인 내에서 결승점을 먼저 통과하는 순서대로 순위를 정한다.
- 속력과 시간의 측정은 불가능하고, 오직 경기 결과에 의해서만 순위를 결정한다.
- 로봇별 속력은 모두 다르고 각 로봇의 속력은 항상 일정하다.
- 로봇의 고장과 같은 다른 요인은 경기 결과에 영향을 미치지 않는다.

① 7

② 8

③ 9

④ 10

⑤ 11

37. 다음 〈조건〉을 근거로 판단할 때, 가장 많은 품삯을 받은 일꾼은? (단, 1전은 10푼이다)

〈조건〉

- 일꾼 다섯 명의 이름은 좀쇠, 작은놈, 어인놈, 상득, 정월쇠이다.
- 다섯 일꾼 중 김씨가 2명, 이씨가 1명, 박씨가 1명, 윤씨가 1명이다.
- 이들의 직업은 각각 목수, 단청공, 벽돌공, 대장장이, 미장공이다.
- 일당으로 목수와 미장공은 4전 2푼을 받고, 단청공과 벽돌공, 대장장이는 2전 5푼을 받는다.
- 윤씨는 4일, 박씨는 6일, 김씨 두 명은 각각 4일, 이씨는 3일 동안 동원되었다. 동원되었지만 일을 하지 못한 날에는 보통의 일당 대신 1전을 받는다.
- 박씨와 윤씨는 동원된 날 중 각각 하루씩은 배가 아파 일을 하지 못했다.
- 목수는 이씨이다.
- 좀쇠는 박씨도 이씨도 아니다.
- 어인놈은 단청공이다.
- 대장장이와 미장공은 김씨가 아니다.
- 정월쇠의 일당은 2전 5푼이다.
- 상득은 김씨이다.
- 윤씨는 대장장이가 아니다.

① 좀쇠

② 작은놈

③ 어인놈

④ 상득

⑤ 정월쇠

38. A, B, C, D, E, F 여섯 사람으로 구성된 부서에서 주말 당직을 정하는데 다음의 조건을 모두 지켜야 한다. 당직을 맡을 수 있는 사람을 바르게 짝지은 것은?

- A와 B가 당직을 하면 C도 당직을 한다.
- C와 D 중 한 명이라도 당직을 하면 E도 당직을 한다.
- E가 당직을 하면 A와 F도 당직을 한다.
- F가 당직을 하면 E는 당직을 하지 않는다.
- A가 당직을 하면 E도 당직을 한다.

① A, B
② A, E
③ B, F
④ C, E
⑤ D, F

39. 다음과 같은 조건이 주어졌을 때 조건들로만 〈보기〉를 추리하려고 한다. 이때 마지막으로 필요한 조건은 무엇인가?

- 모든 학생의 나이는 짝수이다.
- 학생들은 수학, 과학, 영어, 국어 학원에 다니며 부산, 울산, 서울, 파주에 살고 있다.
- 국어 학원에 다니는 학생은 18살로 가장 나이가 많다.
- 울산에 사는 학생은 3번째로 나이가 많다.
- 나이가 가장 적은 학생은 12살로 서울에 살며 과학 학원을 다니고 있지 않다.

〈보기〉

수학 학원	과학 학원	영어 학원	국어 학원
16살	14살	12살	18살
부산	울산	서울	파주

① 수학학원에 다니는 학생은 서울에 살고 있지 않다.
② 울산에 사는 학생의 나이는 14살이다.
③ 서울에 사는 학생은 국어학원을 다니지 않는다.
④ 국어학원을 다니지 않는 학생은 울산에 살고 있다.
⑤ 부산에 살고 있는 학생은 수학학원에 다닌다.

40. 다음 글의 내용이 참일 때, 반드시 거짓인 것은?

- 착한 사람들 중에서 똑똑한 여자는 모두 인기가 많다.
- 똑똑한 사람들 중에서 착한 남자는 모두 인기가 많다.
- "인기가 많지 않지만 멋진 남자가 있다."라는 말은 거짓이다.
- 순이는 멋지지 않지만 똑똑한 여자이다.
- 철수는 인기는 많지 않지만 착한 남자이다.
- 여자든 남자든 당연히 사람이다.

① 철수는 똑똑하지 않다.
② 철수는 멋지거나 똑똑하다.
③ 똑똑하지만 멋지지 않은 사람이 있다.
④ 순이가 인기가 많지 않다면, 그녀는 착하지 않다.
⑤ "똑똑하지만 인기가 많지 않은 여자가 있다."라는 말이 거짓이라면, 순이는 인기가 많다.

41. 토익 학원에서 만난 5명(A~E)의 나이는 모두 다르다. 그들의 나이가 〈보기〉에 제시된 내용과 같을 때, 이들 중 두 번째로 나이가 많은 사람은?

〈보기〉
㉠ A와 B의 나이는 5살 차이이다.
㉡ B는 E보다 3살 연하이다.
㉢ C는 D보다 4살 연상이다.
㉣ D와 A는 2살 차이이다.
㉤ 제일 나이가 많은 사람과 제일 나이가 적은 사람은 8살 차이이다.

① A
② B
③ C
④ D
⑤ E

42. 신입 직원 갑, 을, 병, 정, 무가 기획과, 인력과, 총무과 가운데 어느 한 부서에 배치될 예정이다. 다음 진술들이 참일 때, 반드시 참인 것은?

- 갑이 총무과에 배치되면, 을은 기획과에 배치된다.
- 을이 기획과에 배치되면, 정은 인력과에 배치되지 않는다.
- 병이 총무과에 배치되면, 무는 기획과에 배치되지 않는다.
- 병이 총무과에 배치되지 않으면, 정은 인력과에 배치된다.
- 정이 인력과에 배치되지 않으면, 무는 기획과에 배치된다.

① 갑은 총무과에 배치되지 않는다.

② 을은 총무과에 배치된다.

③ 병은 기획과에 배치된다.

④ 정은 인력과에 배치되지 않는다.

⑤ 무는 총무과에 배치된다.

43. 총무부의 구성원은 총 5명이며, 각각 사원, 대리, 과장, 차장, 부장이다. 총무부가 <조건>에 따라서 이번 여름휴가를 간다고 할 때, 화요일에 휴가를 가게 되는 사람은 누구인가?

<조건>
- 이번 여름휴가는 근무일인 월~금 5일 내에 무조건 하루씩 간다.
- 여러 사람이 같은 날 휴가를 갈 수는 없다.
- 부장은 차장의 휴가 다음날 휴가를 간다.
- 차장은 사원보다 먼저 휴가를 간다.
- 대리는 3일 연휴가 되었다.
- 대리는 과장보다 늦게 휴가를 간다.
- 과장은 월요일에 휴가를 가야 한다.

① 사원   ② 대리

③ 과장   ④ 차장

⑤ 부장

[44～45] 다음 '?'에 들어갈 도형으로 알맞은 것을 고르시오.

44.

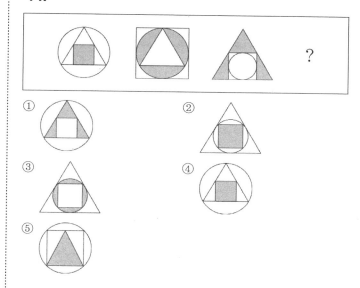

45.

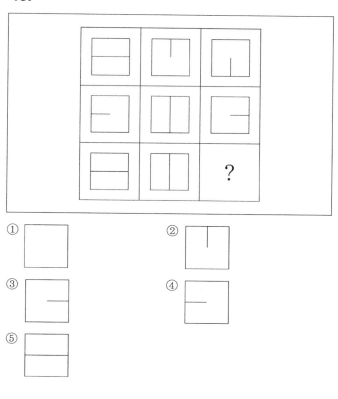

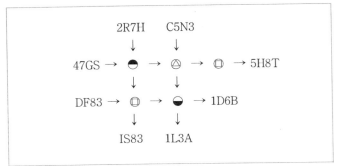

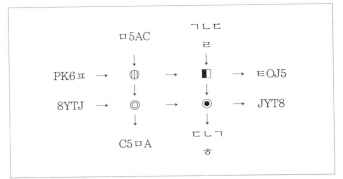

46.

5W8J → ▣ → ◐ → △ → ( )

① 69XK   ② 36UI
③ 6X9K   ④ 3U6I
⑤ KX96

47.

WHAT → ◐ → ◐ → ▣ → ( )

① XIBU   ② YJCV
③ VJCY   ④ VCJY
⑤ UIBX

48.

YOUNG → △ → ▣ → ◐ → ( )

① XMTNF   ② WLSME
③ ZOVPH   ④ YNUOG
⑤ ELSMW

49.

MIC2 → ◎ → ◉ → ( )

① 2ICM   ② 2MIC
③ I2CM   ④ 2CMI
⑤ ICM2

50.

8Eㅎ9L → ( ) → ◪ → ◍ → K78ㄱD

① ◍   ② ◎
③ ◪   ④ ◉
⑤ 없음

서원각
www.goseowon.com